Das Therapie - Arbeitsbuch

Therapieerfolge maximieren

Bantsich Philipp

Psychotherapie Bantsich © Philipp Bantsich 2020

Der Text dieses Buches folgt den Regeln
der reformierten Rechtsschreibung.

1. Auflage Mai 2020

© 2020 Psychotherapiezentrum - Mag.pth. Bantsich Philipp
Alle Rechte, auch die fotomechanische Vervielfältigung und des auszugsweisen Ausdrucks, vorbehalten.
Kein Teil des Werks darf in irgendeiner Form (durch Fotokopie, Mikrofilm oder ein anderes Verfahren) ohne schriftliche Genehmigung von Psychotherapiezentrum Mag.pth. Bantsich Philipp verarbeitet oder vervielfältigt werden.

Foto Umschlag: Karl Nemeth
Foto 1. Bonus: Luisella Planeta Leoni auf Pixabay
Foto 2. Bonus: Vinzent Weinbeer auf Pixabay
Foto 3. Bonus: StockSnap auf Pixabay

Verlag: Eigenverlag

Medieninhaber: Mag.pth. Bantsich Philipp
Staasdorferstraße 5/1/3
A-3430 Tulln

ISBN 978-3-200-06983-1

Hinweis: Dieses Buch möchte dir fundierte und zuverlässige Informationen zur Verfügung stellen. Bitte beachte jedoch, dass Autor und Verlag keine Haftung jedweder Art übernehmen. Dieses Arbeitsbuch soll dich dabei unterstützen deine Therapieerfolge zu erreichen, es kann jedoch keine Psychotherapie ersetzen.

Kostenloses Geschenk:

<u>1. Bonus im Wert von 49 €</u>

Du erhältst eine kostenlose **Hypnose-Datei** für **mehr Selbstvertrauen** und **mehr Selbstbewusstsein**, die du dir selber so oft du willst anhören kannst.

Unter diesem Link findest du dein Geschenk.
https://www.psychotherapiezentrum.co.at/kostenloses/

Kostenloses Geschenk:

2. Bonus im Wert von 60 €

Du erhältst eine **kostenlose Online-Beratung** von einem der Psychotherapeuten des Psychotherapiezentrums (www.psychotherapiezentrum.co.at).

Unter diesem Link findest du dein Geschenk
https://www.psychotherapiezentrum.co.at/kostenloses/

Inhalt

Danksagung 7

Vorwort 8

Die Bantsich - Lebensqualitätstorte 9

Ziele 10

Übungen für meinen Erfolg 11

Therapieprotokolle 12

Abschlussüberprüfung 67

Über den Autor 80

Danksagung

Liebe Patientin, lieber Patient!

Ich möchte dir erstmals danken, dass du dich für dieses Arbeitsbuch entschieden hast. Es soll und wird deine Therapieerfolge verbessern, wenn du regelmäßig damit arbeitest. Im Sinne einer besseren Lesbarkeit der Texte habe ich die männliche Form gewählt. Frauen und Männer mögen sich gleichermaßen angesprochen fühlen.

Vorwort

Warum dieses Arbeitsbuch?

In meiner Arbeit als Psychotherapeut und Coach habe ich festgestellt, dass manche Patienten bessere und schnellere Therapieerfolge erzielen als andere. Dafür gibt es unterschiedliche Gründe. Für eine gelungene Behandlung ist vor allem die Beziehung zwischen Therapeut und Patient maßgeblich verantwortlich. Ein anderer, meiner Erfahrung nach, bedeutender Faktor für den Therapieerfolg ist die Mitarbeit des Patienten außerhalb der Therapie. Werden in der Therapie mögliche Lösungsansätze und Ressourcen ausgearbeitet, die eine Verbesserung deiner Situation bewirken könnten, so ist es wichtig, diese auch umzusetzen. Dieses Buch soll dir dabei helfen. Dieses Buch hat also den Anspruch, deine persönliche Situation und damit auch dein Leben zu verbessern.

Viel Spaß und Erfolg wünsche ich dir damit.

Mag.pth. Philipp Bantsich

Die Bantsich - Lebensqualitätstorte

Trage in diese Torte deine momentane Situation ein. Stelle dir die Frage: Wie steht es um meine Gesundheit und vergebe 0-10 Punkte. Wenn du 2 Punkte vergibst, markiere die 2. Stufe des Tortenstückes im Bereich Gesundheit. Gehe so weiter vor, bis du alle 8 Bereiche bewertet hast. Verbinde die jeweils nebeneinander liegenden Punkte und du bekommst ein Bild davon, in welchem Bereich du wie zufrieden bist.

Am Ende des Buches hast du die Möglichkeit, deine Lebensqualitätstorte noch einmal zu machen. Ich bin mir sicher, wenn du mit diesem Buch weiterarbeitest, wirst du Verbesserungen feststellen.

Datum: ………………………

Ziele

Welche Ziele für die Therapie hast du? Was willst du erreichen?

Übungen für meinen Erfolg

Wie du bereits gelesen hast, ist es für den Therapieerfolg maßgeblich, dass du die Übungen zwischen den Sitzungen (und darüber hinaus) ausführst.
Deshalb habe ich gleich zu Beginn hier dein wichtigstes Blatt zum Befüllen bereitgestellt.
Trage hier den Namen der Übung ein, die du kennenlernst.
Du brauchst nicht alle 10 oder mehr zu machen, schließlich führt **Kontinuität zum Erfolg!**

Meine regelmäßigen Übungen:

Übung 1:

Übung 2:

Übung 3:

Übung 4:

Übung 5:

Übung 6:

Übung 7:

Übung 8:

Übung 9:

Meine regelmäßigen Übungen:

Übung 10:

Übung 11:

Übung 12:

Übung 13:

Übung 14:

Übung 15:

Übung 16:

Übung 17:

Übung 18:

Übung 19:

Übung 20:

Meine regelmäßigen Übungen:

Übung 21:

Übung 22:

Übung 23:

Übung 24:

Übung 25:

Übung 26:

Übung 27:

Übung 28:

Übung 29:

Übung 30:

Therapieprotokolle

Therapiesitzung NR. ……… Datum …………………

Name des Therapeuten: ………………………………………….

Psychotherapiemethode: ……………………………………………………………..

Was hast du in dieser Sitzung gelernt?

Wie kannst du diese Erfahrung langfristig positiv nutzen?

Was müsstest du tun, damit sich deine Situation verbessert?

Was wirst du tun, damit sich deine Situation verbessert? ⎯⎯⎯⎯⎯⎯⎯⎯⎯⎯▶

Was ist der erste Schritt? Wann wirst du ihn tun?

Welche Hindernisse könnte es geben und wie wirst du sie überwinden?

Was hat dir in dieser Sitzung am Besten gefallen?

Wie gut fühlst du dich nach dieser Sitzung? 0 - 10 (0 = sehr schlecht, 10 = sehr gut)

Notizen:

Welche Übung ergibt sich daraus?

Übungsprotokoll:

Datum + Uhrzeit + Übungsnummer:

Was konkret möchtest du in dieser heutigen Sitzung erreichen?

Therapiesitzung NR. ……… Datum …………………

Was hast du in dieser Sitzung gelernt?

Wie kannst du diese Erfahrung langfristig positiv nutzen?

Was müsstest du tun, damit sich deine Situation verbessert?

Was wirst du tun, damit sich deine Situation verbessert? ⟶

Was ist der erste Schritt? Wann wirst du ihn tun?

Welche Hindernisse könnte es geben und wie wirst du sie überwinden?

Was hat dir in dieser Sitzung am Besten gefallen?

Wie gut fühlst du dich nach dieser Sitzung? 0 -10 (0 = sehr schlecht, 10 = sehr gut)

Notizen:

Welche Übung ergibt sich daraus?

Übungsprotokoll:

Datum + Uhrzeit + Übungsnummer:

Was konkret möchtest du in dieser heutigen Sitzung erreichen?

Therapiesitzung NR. ……… Datum …………………

Was hast du in dieser Sitzung gelernt?

Wie kannst du diese Erfahrung langfristig positiv nutzen?

Was müsstest du tun, damit sich deine Situation verbessert?

Was wirst du tun, damit sich deine Situation verbessert? ⟶

Was ist der erste Schritt? Wann wirst du ihn tun?

Welche Hindernisse könnte es geben und wie wirst du sie überwinden?

Was hat dir in dieser Sitzung am Besten gefallen?

Wie gut fühlst du dich nach dieser Sitzung? 0 -10 (0 = sehr schlecht, 10 = sehr gut)

Notizen:

Welche Übung ergibt sich daraus?

Übungsprotokoll:

Datum + Uhrzeit + Übungsnummer:

Was konkret möchtest du in dieser heutigen Sitzung erreichen?

Therapiesitzung NR. .... Datum ....

Was hast du in dieser Sitzung gelernt?

Wie kannst du diese Erfahrung langfristig positiv nutzen?

Was müsstest du tun, damit sich deine Situation verbessert?

Was wirst du tun, damit sich deine Situation verbessert? ⟶

Was ist der erste Schritt? Wann wirst du ihn tun?

Welche Hindernisse könnte es geben und wie wirst du sie überwinden?

Was hat dir in dieser Sitzung am Besten gefallen?

Wie gut fühlst du dich nach dieser Sitzung? 0 -10 (0 = sehr schlecht, 10 = sehr gut)

Notizen:

Welche Übung ergibt sich daraus?

Übungsprotokoll:

Datum + Uhrzeit + Übungsnummer:

Das Selbsthilfeprogramm bei Panikattacken

Du leidest unter Panikattacken, die dein Leben beeinflussen. Dieser Online-Kurs kann dich dabei unterstützen, mit deinen Panikattacken besser umzugehen.
Er kann jedoch keine Psychotherapie ersetzen.

Überall nutzbar: Ob Zuhause, in der Arbeit oder am Strand - dein Coach begleitet dich!

Überall verfügbar: Am Desktop verfügbar, am Laptop verfügbar, am Tablet verfügbar, am Smartphone verfügbar!

Zeitlich ungebunden: Ob morgens halb 10 oder 3 Uhr nachts - immer bei dir!

Ohne Limit! Die Inhalte des Kurses kannst du dir so oft ansehen, wie du willst!

www.panikattackentherapie.com

Was beinhaltet der Panikattacken Online-Kurs? Ist das eine Online-Psychotherapie?

Nein, das ist keine online Psychotherapie. Das ist ein Onlinekurs mit über 30 Videos, Mp3's und Dokumenten, die dich unterstützen können, beim Umgang mit deinen Panikattacken. Du erhältst Methoden und Techniken, die bei Ängsten helfen können. Die Methoden und Techniken haben sich zahlreich als effektiv bewiesen.

Werde ich mit diesem Programm meine Panikattacken garantiert los?
Nein! Ich spreche hier keine Garantie aus, dass du mit diesem Programm deine Angstattacken für immer loswirst. Das wäre unseriös und unwissenschaftlich.

Wie lange habe ich Zugriff auf dieses Programm?
Das Programm kann für mindestens ein Jahr genutzt werden. Danach besteht kein Rechtsanspruch mehr.

Noch etwas Wichtiges: Es kommen laufend neue Kursinhalte dazu! Diese sind für dich selbstverständlich kostenlos.

Notizen:

Was konkret möchtest du in dieser heutigen Sitzung erreichen?

Therapiesitzung NR. ……… Datum …………………

Was hast du in dieser Sitzung gelernt?

Wie kannst du diese Erfahrung langfristig positiv nutzen?

Was müsstest du tun, damit sich deine Situation verbessert?

Was wirst du tun, damit sich deine Situation verbessert? ⟶

Was ist der erste Schritt? Wann wirst du ihn tun?

Welche Hindernisse könnte es geben und wie wirst du sie überwinden?

Was hat dir in dieser Sitzung am Besten gefallen?

Wie gut fühlst du dich nach dieser Sitzung? 0 -10 (0 = sehr schlecht, 10 = sehr gut)

Notizen:

Welche Übung ergibt sich daraus?

Übungsprotokoll:

Datum + Uhrzeit + Übungsnummer:

Was konkret möchtest du in dieser heutigen Sitzung erreichen?

Therapiesitzung NR. ……… Datum …………………

Was hast du in dieser Sitzung gelernt?

Wie kannst du diese Erfahrung langfristig positiv nutzen?

Was müsstest du tun, damit sich deine Situation verbessert?

Was wirst du tun, damit sich deine Situation verbessert? ⟶

Was ist der erste Schritt? Wann wirst du ihn tun?

Welche Hindernisse könnte es geben und wie wirst du sie überwinden?

Was hat dir in dieser Sitzung am Besten gefallen?

Wie gut fühlst du dich nach dieser Sitzung? 0 -10 (0 = sehr schlecht, 10 = sehr gut)

Notizen:

Welche Übung ergibt sich daraus?

Übungsprotokoll:

Datum + Uhrzeit + Übungsnummer:

Was konkret möchtest du in dieser heutigen Sitzung erreichen?

Therapiesitzung NR. .... Datum ....

Was hast du in dieser Sitzung gelernt?

Wie kannst du diese Erfahrung langfristig positiv nutzen?

Was müsstest du tun, damit sich deine Situation verbessert?

Was wirst du tun, damit sich deine Situation verbessert? ⎯⎯⎯⎯⎯⎯⎯⎯⟶

Was ist der erste Schritt? Wann wirst du ihn tun?

Welche Hindernisse könnte es geben und wie wirst du sie überwinden?

Was hat dir in dieser Sitzung am Besten gefallen?

Wie gut fühlst du dich nach dieser Sitzung? 0 -10 (0 = sehr schlecht, 10 = sehr gut)

Notizen:

Welche Übung ergibt sich daraus?

Übungsprotokoll:

Datum + Uhrzeit + Übungsnummer:

Was konkret möchtest du in dieser heutigen Sitzung erreichen?

Therapiesitzung NR. ……… Datum …………………

Was hast du in dieser Sitzung gelernt?

Wie kannst du diese Erfahrung langfristig positiv nutzen?

Was müsstest du tun, damit sich deine Situation verbessert?

Was wirst du tun, damit sich deine Situation verbessert? ⟶

Was ist der erste Schritt? Wann wirst du ihn tun?

Welche Hindernisse könnte es geben und wie wirst du sie überwinden?

Was hat dir in dieser Sitzung am Besten gefallen?

Wie gut fühlst du dich nach dieser Sitzung? 0 -10 (0 = sehr schlecht, 10 = sehr gut)

Notizen:

Welche Übung ergibt sich daraus?

Übungsprotokoll:

Datum + Uhrzeit + Übungsnummer:

Was konkret möchtest du in dieser heutigen Sitzung erreichen?

Therapiesitzung NR. ………. Datum …………………

Was hast du in dieser Sitzung gelernt?

Wie kannst du diese Erfahrung langfristig positiv nutzen?

Was müsstest du tun, damit sich deine Situation verbessert?

Was wirst du tun, damit sich deine Situation verbessert? ⟶

Was ist der erste Schritt? Wann wirst du ihn tun?

Welche Hindernisse könnte es geben und wie wirst du sie überwinden?

Was hat dir in dieser Sitzung am Besten gefallen?

Wie gut fühlst du dich nach dieser Sitzung? 0 -10 (0 = sehr schlecht, 10 = sehr gut)

Notizen:

Welche Übung ergibt sich daraus?

Übungsprotokoll:

Datum + Uhrzeit + Übungsnummer:

Was konkret möchtest du in dieser heutigen Sitzung erreichen?

Therapiesitzung NR. .... Datum ....

Was hast du in dieser Sitzung gelernt?

Wie kannst du diese Erfahrung langfristig positiv nutzen?

Was müsstest du tun, damit sich deine Situation verbessert?

Was wirst du tun, damit sich deine Situation verbessert? ⟶

Was ist der erste Schritt? Wann wirst du ihn tun?

Welche Hindernisse könnte es geben und wie wirst du sie überwinden?

Was hat dir in dieser Sitzung am Besten gefallen?

Wie gut fühlst du dich nach dieser Sitzung? 0 -10 (0 = sehr schlecht, 10 = sehr gut)

Notizen:

Welche Übung ergibt sich daraus?

Übungsprotokoll:

Datum + Uhrzeit + Übungsnummer:

Was konkret möchtest du in dieser heutigen Sitzung erreichen?

Therapiesitzung NR. .... Datum ....

Was hast du in dieser Sitzung gelernt?

Wie kannst du diese Erfahrung langfristig positiv nutzen?

Was müsstest du tun, damit sich deine Situation verbessert?

Was wirst du tun, damit sich deine Situation verbessert? ⟶

Was ist der erste Schritt? Wann wirst du ihn tun?

Welche Hindernisse könnte es geben und wie wirst du sie überwinden?

Was hat dir in dieser Sitzung am Besten gefallen?

Wie gut fühlst du dich nach dieser Sitzung? 0 -10 (0 = sehr schlecht, 10 = sehr gut)

Notizen:

Welche Übung ergibt sich daraus?

Übungsprotokoll:

Datum + Uhrzeit + Übungsnummer:

Was konkret möchtest du in dieser heutigen Sitzung erreichen?

Therapiesitzung NR. ……… Datum …………………

Was hast du in dieser Sitzung gelernt?

Wie kannst du diese Erfahrung langfristig positiv nutzen?

Was müsstest du tun, damit sich deine Situation verbessert?

Was wirst du tun, damit sich deine Situation verbessert? ⟶

Was ist der erste Schritt? Wann wirst du ihn tun?

Welche Hindernisse könnte es geben und wie wirst du sie überwinden?

Was hat dir in dieser Sitzung am Besten gefallen?

Wie gut fühlst du dich nach dieser Sitzung? 0 -10 (0 = sehr schlecht, 10 = sehr gut)

Notizen:

Welche Übung ergibt sich daraus?

Übungsprotokoll:

Datum + Uhrzeit + Übungsnummer:

Notizen:

Was konkret möchtest du in dieser heutigen Sitzung erreichen?

Therapiesitzung NR. ……… Datum …………………

Was hast du in dieser Sitzung gelernt?

Wie kannst du diese Erfahrung langfristig positiv nutzen?

Was müsstest du tun, damit sich deine Situation verbessert?

Was wirst du tun, damit sich deine Situation verbessert? ⟶

Was ist der erste Schritt? Wann wirst du ihn tun?

Welche Hindernisse könnte es geben und wie wirst du sie überwinden?

Was hat dir in dieser Sitzung am Besten gefallen?

Wie gut fühlst du dich nach dieser Sitzung? 0 -10 (0 = sehr schlecht, 10 = sehr gut)

Notizen:

Welche Übung ergibt sich daraus?

Übungsprotokoll:

Datum + Uhrzeit + Übungsnummer:

Was konkret möchtest du in dieser heutigen Sitzung erreichen?

Therapiesitzung NR. .... Datum ....

Was hast du in dieser Sitzung gelernt?

Wie kannst du diese Erfahrung langfristig positiv nutzen?

Was müsstest du tun, damit sich deine Situation verbessert?

Was wirst du tun, damit sich deine Situation verbessert? ⟶

Was ist der erste Schritt? Wann wirst du ihn tun?

Welche Hindernisse könnte es geben und wie wirst du sie überwinden?

Was hat dir in dieser Sitzung am Besten gefallen?

Wie gut fühlst du dich nach dieser Sitzung? 0 -10 (0 = sehr schlecht, 10 = sehr gut)

Notizen:

Welche Übung ergibt sich daraus?

Übungsprotokoll:

Datum + Uhrzeit + Übungsnummer:

Was konkret möchtest du in dieser heutigen Sitzung erreichen?

Therapiesitzung NR. .... Datum ....

Was hast du in dieser Sitzung gelernt?

Wie kannst du diese Erfahrung langfristig positiv nutzen?

Was müsstest du tun, damit sich deine Situation verbessert?

Was wirst du tun, damit sich deine Situation verbessert? ⟶

Was ist der erste Schritt? Wann wirst du ihn tun?

Welche Hindernisse könnte es geben und wie wirst du sie überwinden?

Was hat dir in dieser Sitzung am Besten gefallen?

Wie gut fühlst du dich nach dieser Sitzung? 0 -10 (0 = sehr schlecht, 10 = sehr gut)

Notizen:

Welche Übung ergibt sich daraus?

Übungsprotokoll:

Datum + Uhrzeit + Übungsnummer:

Was konkret möchtest du in dieser heutigen Sitzung erreichen?

Therapiesitzung NR. .... Datum ....

Was hast du in dieser Sitzung gelernt?

Wie kannst du diese Erfahrung langfristig positiv nutzen?

Was müsstest du tun, damit sich deine Situation verbessert?

Was wirst du tun, damit sich deine Situation verbessert? ⟶

Was ist der erste Schritt? Wann wirst du ihn tun?

Welche Hindernisse könnte es geben und wie wirst du sie überwinden?

Was hat dir in dieser Sitzung am Besten gefallen?

Wie gut fühlst du dich nach dieser Sitzung? 0 -10 (0 = sehr schlecht, 10 = sehr gut)

Notizen:

Welche Übung ergibt sich daraus?

Übungsprotokoll:

Datum + Uhrzeit + Übungsnummer:

Was konkret möchtest du in dieser heutigen Sitzung erreichen?

Therapiesitzung NR. ……… Datum …………………

Was hast du in dieser Sitzung gelernt?

Wie kannst du diese Erfahrung langfristig positiv nutzen?

Was müsstest du tun, damit sich deine Situation verbessert?

Was wirst du tun, damit sich deine Situation verbessert? ⟶

Was ist der erste Schritt? Wann wirst du ihn tun?

Welche Hindernisse könnte es geben und wie wirst du sie überwinden?

Was hat dir in dieser Sitzung am Besten gefallen?

Wie gut fühlst du dich nach dieser Sitzung? 0 -10 (0 = sehr schlecht, 10 = sehr gut)

Notizen:

Welche Übung ergibt sich daraus?

Übungsprotokoll:

Datum + Uhrzeit + Übungsnummer:

Was konkret möchtest du in dieser heutigen Sitzung erreichen?

Therapiesitzung NR. ……… Datum ………………

Was hast du in dieser Sitzung gelernt?

Wie kannst du diese Erfahrung langfristig positiv nutzen?

Was müsstest du tun, damit sich deine Situation verbessert?

Was wirst du tun, damit sich deine Situation verbessert? ⟶

Was ist der erste Schritt? Wann wirst du ihn tun?

Welche Hindernisse könnte es geben und wie wirst du sie überwinden?

Was hat dir in dieser Sitzung am Besten gefallen?

Wie gut fühlst du dich nach dieser Sitzung? 0 -10 (0 = sehr schlecht, 10 = sehr gut)

Notizen:

Welche Übung ergibt sich daraus?

Übungsprotokoll:

Datum + Uhrzeit + Übungsnummer:

Was konkret möchtest du in dieser heutigen Sitzung erreichen?

Therapiesitzung NR. ……… Datum …………………

Was hast du in dieser Sitzung gelernt?

Wie kannst du diese Erfahrung langfristig positiv nutzen?

Was müsstest du tun, damit sich deine Situation verbessert?

Was wirst du tun, damit sich deine Situation verbessert? ⎯⎯⎯⎯⎯⎯⎯⎯⎯⎯⎯⎯⟶

Was ist der erste Schritt? Wann wirst du ihn tun?

Welche Hindernisse könnte es geben und wie wirst du sie überwinden?

Was hat dir in dieser Sitzung am Besten gefallen?

Wie gut fühlst du dich nach dieser Sitzung? 0 -10 (0 = sehr schlecht, 10 = sehr gut)

Notizen:

Welche Übung ergibt sich daraus?

Übungsprotokoll:

Datum + Uhrzeit + Übungsnummer:

Was konkret möchtest du in dieser heutigen Sitzung erreichen?

Therapiesitzung NR. ……… Datum …………………

Was hast du in dieser Sitzung gelernt?

Wie kannst du diese Erfahrung langfristig positiv nutzen?

Was müsstest du tun, damit sich deine Situation verbessert?

Was wirst du tun, damit sich deine Situation verbessert? ⟶

Was ist der erste Schritt? Wann wirst du ihn tun?

Welche Hindernisse könnte es geben und wie wirst du sie überwinden?

Was hat dir in dieser Sitzung am Besten gefallen?

Wie gut fühlst du dich nach dieser Sitzung? 0 -10 (0 = sehr schlecht, 10 = sehr gut)

Notizen:

Welche Übung ergibt sich daraus?

Übungsprotokoll:

Datum + Uhrzeit + Übungsnummer:

Was konkret möchtest du in dieser heutigen Sitzung erreichen?

Therapiesitzung NR. ……… Datum …………………

Was hast du in dieser Sitzung gelernt?

Wie kannst du diese Erfahrung langfristig positiv nutzen?

Was müsstest du tun, damit sich deine Situation verbessert?

Was wirst du tun, damit sich deine Situation verbessert? ⟶

Was ist der erste Schritt? Wann wirst du ihn tun?

Welche Hindernisse könnte es geben und wie wirst du sie überwinden?

Was hat dir in dieser Sitzung am Besten gefallen?

Wie gut fühlst du dich nach dieser Sitzung? 0 -10 (0 = sehr schlecht, 10 = sehr gut)

Notizen:

Welche Übung ergibt sich daraus?

Übungsprotokoll:

Datum + Uhrzeit + Übungsnummer:

Was konkret möchtest du in dieser heutigen Sitzung erreichen?

Therapiesitzung NR. ……… Datum …………………

Was hast du in dieser Sitzung gelernt?

Wie kannst du diese Erfahrung langfristig positiv nutzen?

Was müsstest du tun, damit sich deine Situation verbessert?

Was wirst du tun, damit sich deine Situation verbessert? ⟶

Was ist der erste Schritt? Wann wirst du ihn tun?

Welche Hindernisse könnte es geben und wie wirst du sie überwinden?

Was hat dir in dieser Sitzung am Besten gefallen?

Wie gut fühlst du dich nach dieser Sitzung? 0 -10 (0 = sehr schlecht, 10 = sehr gut)

Notizen:

Welche Übung ergibt sich daraus?

Übungsprotokoll:

Datum + Uhrzeit + Übungsnummer:

Was konkret möchtest du in dieser heutigen Sitzung erreichen?

Therapiesitzung NR. ………. Datum …………………

Was hast du in dieser Sitzung gelernt?

Wie kannst du diese Erfahrung langfristig positiv nutzen?

Was müsstest du tun, damit sich deine Situation verbessert?

Was wirst du tun, damit sich deine Situation verbessert?   ⟶

Was ist der erste Schritt? Wann wirst du ihn tun?

Welche Hindernisse könnte es geben und wie wirst du sie überwinden?

Was hat dir in dieser Sitzung am Besten gefallen?

Wie gut fühlst du dich nach dieser Sitzung? 0 -10 (0 = sehr schlecht, 10 = sehr gut)

Notizen:

Welche Übung ergibt sich daraus?

Übungsprotokoll:

Datum + Uhrzeit + Übungsnummer:

Was konkret möchtest du in dieser heutigen Sitzung erreichen?

Therapiesitzung NR. .... Datum ....

Was hast du in dieser Sitzung gelernt?

Wie kannst du diese Erfahrung langfristig positiv nutzen?

Was müsstest du tun, damit sich deine Situation verbessert?

Was wirst du tun, damit sich deine Situation verbessert? ⟶

Was ist der erste Schritt? Wann wirst du ihn tun?

Welche Hindernisse könnte es geben und wie wirst du sie überwinden?

Was hat dir in dieser Sitzung am Besten gefallen?

Wie gut fühlst du dich nach dieser Sitzung? 0 -10 (0 = sehr schlecht, 10 = sehr gut)

Notizen:

Welche Übung ergibt sich daraus?

Übungsprotokoll:

Datum + Uhrzeit + Übungsnummer:

Notizen:

Schreibe hier auf, was du durch das Üben bemerkt hast. Was hat sich verbessert? Was wird passieren, wenn du dranbleibst?

Abschlussüberprüfung

Ich gratuliere dir, dass du es bis hierher geschafft hast und hoffe, du hast mit Hilfe dieses Buches dein Leben ein Stück besser machen können. Um deine Fortschritte zu verbildlichen, lade ich dich ein deine Lebensqualitätstorte nochmals zu machen.

Gerne darfst du mir ein Vorher-Nachher-Bild an praxis@bantsich.at zukommen lassen.

Datum: ………………………

Notizen:

Notizen:

Notizen:

Notizen:

Notizen:

Notizen:

Notizen:

Notizen:

Notizen:

Notizen:

Notizen:

Kostenloses Geschenk:

3. Bonus

1 kostenlose **Online-Yoga-Teilnahme** im Wert von 20 €

✓ mehr Entspannung
✓ mehr Gelassenheit
✓ stärkeres Immunsystem

Unter diesem Link findest du dein Geschenk.
https://www.psychotherapiezentrum.co.at/kostenloses/

Über den Autor

Mag.pth. Philipp Bantsich ist Psychotherapeut, Coach und Hypnotiseur in Tulln an der Donau und Wien. Er studierte Psychotherapiewissenschaft an der Sigmund Freud Privatuniversität in Wien und baute sich in kürzester Zeit eine gut funktionierende Praxis auf. Um Patienten, die unter Panikattacken leiden zu helfen, entwickelte er den Panikattacken Online-Kurs.
Seit 2019 ist er Gründer des Psychotherapiezentrums in Wien und Tulln an der Donau (Österreich). Sein Spezialgebiet ist die Behandlung von Angst- und Panikattacken.

Folge Mag.pth. Philipp Bantsich auf Youtube:

https://bit.ly/2o4aRia

Folge Mag.pth. Philipp Bantsich auf Instagram:

https://www.instagram.com/psychotherapiezentrum/

Folge Mag.pth. Philipp Bantsich auf Facebook:

https://www.facebook.com/psychotherapiebantsich/

Höre dir unseren PODCAST an:

https://psychotherapiebantsich.podigee.io/

Panikattacken Online Kurs

https://panikattackentherapie.com/

Psychotherapie Bantsich

http://bantsich.at/

Psychotherapie Tulln

https://www.psychotherapietulln.at/

Verhaltenstherapie Wien

https://www.verhaltenstherapiewien.at/

Coach Bantsich

http://www.coachbantsich.at/

Psychotherapiezentrum

https://www.psychotherapiezentrum.co.at/

Printed in Poland
by Amazon Fulfillment
Poland Sp. z o.o., Wrocław